Der Klingonische Bumerang:
puvlaHbogh Sor Hap 'ob

Ein nasser Ringelkringel

Martin Erik Horn

Klingonisch lernen mit Ringelnatz:

Auf der Duden-Internetseite (www.duden.de/rechtschreibung/Ringel) findet sich die folgende Beschreibung für einen Ringel:

kleineres ring-, kreis-, spiralförmiges Gebilde, ringförmige Form

Ein Ringel ist also vielleicht so etwas wie ein kleiner Ring, ein kleiner Kreis oder eine kleine Spirale, etwas, dass ich ringelt also. Für eine Übersetzung ins Klingonische bietet sich deshalb folgendes Wort an:

vatlh   —   to coil   —   sich ringeln

Das Wort „Natz" taucht im Duden nicht auf. Es bezeichnet aber einen Ort in Südtirol. Ringelnatz war zwar in Tirol, …

„Sein Honorar betrug zuerst nur ein Bier, dann schließlich ein Bier und zwei Mark. 1911 floh er und reiste nach Tirol und Riga und verbrachte den Sommer in Kurland. Schnell war er wieder mittellos und verdiente sich etwas in Bordellen, wo er als Wahrsagerin verkleidet den Prostituierten die Zukunft vorhersagte."
(Quelle: https://de.wikipedia.org/wiki/Joachim_Ringelnatz)

… aber es ist unwahrscheinlich, dass dieses Dorf namensgebend für ihn war.

Wahrscheinlicher ist laut Wikipedia, dass der Name eine Umschreibung für eine Ringelnatter darstellt oder – noch wahrscheinlicher – ein Seepferdchen bezeichnet, das Seeleute wohl gerne auch als „Ringelnass" bezeichnen (mare, Nr. 21, Aug./Sept. 2000, S. 78). Das können wir übersetzen:

yIQ   —   to be wet   —   nass sein

In etwas freier Übersetzung heißt Ringelnatz somit auf Klingonisch:

vatlhwI' yIQ   —   der sich nass Ringelnde = Ringelnass

Und das ist immerhin besser als {'IqngIl yIQ}, „nasse Spule" oder {Qeb yIQ}, „nasser Fingerring"!

Der klingonische Bumerang: puvlaHbogh Sor Hap 'ob

Ein nasser Ringelkringel

Martin Erik Horn

Bibliographische Information der Deutschen Nationalbibliothek:

Die Deutsche Nationalbibliothek verzeichnet diese Publikation in
der Deutschen Nationalbiographie;
detaillierte bibliographische Daten sind im Internet über

http://dnb.dnb.de

abrufbar.

Herstellung und Verlag:
BoD - Books on Demand, Norderstedt

ISBN: 978-3-7583-0461-3

Cling on tight!

Star Trek und verwandte Marken sind Handelsmarken von CBS Studios Inc, siehe den Beitrag „Wem gehört die klingonische Sprache?" unter:

http://klingon.wiki/De/CopyrightProblem

Mit diesem Buch ist eine Urheberrechtsverletzung nicht beabsichtigt und wohl auch nicht möglich, siehe:

http://klingon.wiki/De/AxanarAnklage

Der Autor ist im Wissenschaftsbereich tätig und freut sich über Beiträge wie:

Carrie Arnold: Rainbow Snake, Klingon Newt Among 163 Newfound Species. National Geographic, 19. Dec. 2016, Url: www.nationalgeo graphic.com/animals/article/new-species-mekong-snakes-bats

Patrick Winn: Meet the 'Klingon Newt'. Asia sees thrilling wave of species discovery. USA Today News, 22. Dec. 2016, Url: https://eu. usatoday.com/story/news/world/2016/12/22/southeast-asia-species-discovery-newts/95752938

Marlene Weyerer: Ziggy Stardust und der Klingonen-Molch. Süddeutsche Zeitung, 21. Dez. 2016, Url: www.sueddeutsche.de/wis sen/artenvielfalt-ziggy-stardust-und-der-klingonen-molch-1.3304508

Allerdings hat der Autor keine Ahnung von Biologie oder etwa Jura. Und er hat nichts, aber auch absolut gar nichts mit den CBS Studios zu tun. Und überhaupt: Wie soll für ein klingonisches Wort wie {'evta'}, „Molch" ein Copyright beansprucht werden, wenn es, wie so viele andere klingonische Worte auch, ganz offensichtlich aus dem Englischen

http://klingon.wiki/En/Puns

kopiert wurde?

Bumerang

War einmal ein Bumerang;
War ein Weniges zu lang.
Bumerang flog ein Stück,
Aber kam nicht mehr zurück.
Publikum – noch stundenlang –
Wartete auf Bumerang.

Quelle:
https://www.projekt-gutenberg.org/ringelnz/gedichte/chap001.html

Willkommen zurück! – Welcome back! – {nuq neHqa' ?} – Was
will er denn schon wieder? – {nuq DaneHqa' ?} – Was willst Du
denn schon wieder?

Die offizielle klingonische Begrüßung lautet: {nuqneH} – Was
willst Du?

Entgegen den üblichen klingonischen Grammatikregeln wird dieser
Ausdruck in einem Wort zusammen geschrieben. Obwohl {nuq},
„what", auf deutsch: „was", als ein eigenständiges Substantiv zu den-
ken ist und deshalb das Verb {neH}, „to want", „wollen", eigentlich
konjugiert werden müsste:

vIneH.   –   Ich möchte es (oder ihn oder sie).
DaneH.   –   Du möchtest es (oder ihn oder sie).
neH.   –   Er/Sie/es möchte es (oder ihn oder sie).
wIneH   –   Wir möchten es (oder ihn oder sie).
boneH   –   Ihr möchtet es (oder ihn oder sie).
luneH   –   Sie möchten es (oder ihn oder sie).

Da {nuq} als substantivisches Objekt an den Satzanfang gestellt wird,
lautet die grammatikalisch korrekte Fragestellung also:

nuq vIneH ?   –   Was möchte ich?
nuq DaneH ?   –   Was möchtest du?
nuq neH ?   –   Was möchte er/sie/es?
nuq wIneH ?   –   Was möchten wir?
nuq boneH ?   –   Was möchtet ihr?
nuq luneH ?   –   Was möchten sie?

Trotzdem wird {nuqneH} mit „Was möchtest du?" übersetzt, denn
solche feststehenden Ausdrücke „stand as sentences in their own
right" also „für sich genommen", wie Marc Okrand im Klingonischen
Wörterbuch schreibt. Es sind historisch gewachsene Sprechweisen.
Man sagt das halt so. Und dann man muss solche Sprechweisen halt

nehmen, wie sie sind, obwohl {nuq DaneH ?}, „Was möchtest du?"
natürlich auf Klingonisch weit konsistenter klingen würde.

Leider hat Marc Okrand uns nicht verraten, wie die Begrüßung lautet,
wenn jemand kurze Zeit später erneut auftaucht: Willkommen zurück! Welcome back! Was willst du denn schon wieder? Er hat uns
lediglich verraten, dass {vInejqa'} so viel bedeutet wie: „Ich nehme
die Suche nach ihm oder ihr wieder auf." bzw. „Ich suche sie oder ihn
oder es wieder/erneut."

Also fügen wir die Verb-Nachsilbe {-qa'} für das erneute Durchführen einer Aktion an, die unterbrochen wurde und jetzt wieder fortge-
setzt wird. So erhalten wir:

{nuqneHqa'}   –   Was willst du (denn) schon wieder?

Aber es ist nicht bekannt (Marc Okrand hat es uns bis jetzt nicht mit-
geteilt), ob das dann tatsächlich wieder ein feststehender Ausdruck im
Klingonischen ist, der ebenfalls zusammen geschrieben werden kann.

Also bleiben wir sicherheitshalber bei der grammatikalisch korrekten
Sprechweise mit korrekter Konjugation und einer Lücke zwischen
den Worten:

{nuq DaneHqa'}   –   Was willst Du (denn) schon wieder?

Ist doch klar, was wir wollen! Nachdem wir das Morgenstern-Gedicht
„Das aesthetische Wiesel" übungshalber übersetzt haben, siehe …

Martin Erik Horn: Der Klingonische Morgenstern.
BoD, Norderstedt 2023, ISBN 978-3-7578-4707-4.

Nachdem wir also das Morgenstern-Gedicht übersetzt haben, machen
wir jetzt weiter und übersetzen das Ringelnatz-Gedicht „Bumerang"
just for fun und zu Übungszwecken ins Klingonische. Schließlich
wollen wir ja weiter klingonisch lernen und solche Gedichtsschnipsel
helfen uns dabei.

Was ist nun ein Bumerang?

Ein Bumerang ist ein australisches Wurfholz, ein gebogenes Stück Holz, das zum Werfer oder zur Werferin zurückkehrt, wenn es sein Ziel, beispielsweise das zu erlegende Känguru {qenggharu'}, nicht getroffen hat.

Diese Erklärung werden wir noch benötigen, denn eine direkte Übersetzung des Wortes „Bumerang", englisch „boomerang", findet sich nicht in der Wortliste des Klingonen-Wikis unter:

http://klingon.wiki/Word/Contents

Es ist also davon auszugehen, dass ein eigenständiges klingonisches Wort für dieses australische Wurfholz (zumindest bis jetzt) nicht existiert. Und solange Marc Okrand kein klingonisches Wort für einen Bumerang erfindet, müssen wir improvisieren und uns eine passende Umschreibung suchen.

Die einfachste Umschreibung ergibt sich durch eine freche Umdeutung des klingonischen Bat'leths (https://en.wikipedia.org/wiki/Bat'leth) oder eines kleineren klingonischen Mek'leths in eine australische Waffe.

Zwar ist ein Bat'leth, {betleH}, ein klingonisches Schwert und ein Mek'leth, {meqleH} ist ein klingonischer Dolch, aber dieser imposant gebogene Dolch hat rein äußerlich eine gewisse Ähnlichkeit mit einem Bumerang. Und Dolche können auch geworfen werden (obwohl es zweifelhaft ist, dass einer davon zurückkehren wird).

Übrigens setzt sich {meqleH} aus den beiden Worten {meq} für das Verb „to reason", also „begründen, schlussfolgern" oder das Substantiv „reason", also „Grund", „Ursache", Schlussfolgerung" und dem Wort {leH} für das Verb „to maintain", also „aufrechterhalten", „unterhalten" oder das Substantiv „maintenance", also „Instandhaltung", „Wartung" zusammen.

Das ist natürlich eine lustige Komposition:

> meq leH = Instandhaltung der Ursache, Pflege der Ursache

Besser geht es mit dem Verb. Das ergibt den folgenden Satz:

> meq leH. = Er hält die Ursache aufrecht.

Dies könnte man mit den physikalischen Grundlagen der Impulserhaltung und Drehimpulserhaltung in Verbindung bringen. Leider interagiert der Bumerang während des Durcheilens seiner Flugbahn stark mit der ihn umgebenden Luft. Es findet somit ständig ein Impuls- und Drehimpulsübertrag statt, der dazu führt, dass der Bumerang sowohl einen Auftrieb wie auch eine Richtungsänderung erfährt. Die zugrunde liegenden Gesetze ähneln dabei stark der Physik eines Kreisels. Und da es sich um kein abgeschlossenes System handelt, gibt es leider keine Energieerhaltung.

Rückwärts geschrieben macht der Klingonendolch {Helqem} auch keinen Sinn: {qem} bedeutet „bringen", {Hel} gibt es bisher nicht als klingonisches Wort.

Aber was für einen ehrenhaften Klingonen sein Mek'leth ist, ist für einen forschen Australier sein Bumerang. Deshalb übersetzen wir in einen ersten Versuch:

Bumerang = australisches Mek'leth = Mek'leth von Australien
        = 'aSralya' meqleH

Man könnte dies auch übersetzen als:

Mek'leth der Australier = 'aSralya'ngan meqleH

{ngan} ist das klingonische Wort für Einwohner und es wird einfach an den Namen des Ortes angehängt, um die dortigen Einwohner zu bezeichnen. Das ist, wie vieles im Klingonischen, sehr einfach. Wir alle sind dann vielleicht:

tera'	–	Erde	⇒	tera'ngan	–	Terraner/in, Erdling
'ewrop	–	Europa		'ewropngan	–	Europäer/in
berlIn	–	Berlin		berlInngan ???		

Das Wort {berlInngan} geht gar nicht. Im Klingonischen gibt es keine Wörter mit einem Doppel-{n}. Deshalb funktioniert das hier wie beim Planeten Vulkan, {vulqan}. Ein Bewohner des Planeten Vulkan heißt {vulqangan}, Vulkanier, mit nur einem {n}. Das zweite {n} wird also gestrichen:

berlIn	–	Berlin	⇒	berlIngan	–	Berliner/in

Und noch ein dramatischer Stilbruch ist zu vermelden, denn die offizielle Erzählung zur Genese des Klingonischen geht ja so: Die Klingonen haben für alles, was auf ihrem Planeten Kronos, {Qo'noS} existiert, klingonische Bezeichnungen erfunden. Dinge oder Lebewesen, die nur auf anderen Planeten existieren und deshalb keine klingonischen Bezeichnungen besitzen, wurden direkt aus der offiziellen Star-Trek-Föderationssprache übernommen und als Lehnwörter (http://klingon.wiki/De/Lehnwort) in die klingonische Schreibweise übertragen.

Die offizielle Sprache der Föderation ist englisch, nicht deutsch!

Aus dem englischen Löwen, „lion" wird so ein klingonischer {layyan}. Und aus der englischen Himbeere (nicht Brombeere „blackberry" bzw. „brambleberry"!), also einer „raspberry", wird so eine klingonische {raSber naH}.

Auch das ist lustig:	raS	–	Tisch
	ber	–	einen Eisprung haben
	naH	–	Frucht, Obst

Eine Brombeere ist also eine „Frucht eines Tisches, der einen Eisprung hat. Das ist typisches, Monty-Python-artiges Klingonisch. I like it! {mISvam ghIH vIparHa' !}

Und raten Sie mal, was ein Löwe ist! Er ist ein „Schwert der Luft“, {lay yan}, ein „Luftschwert“ also.

Aber wo ist nun der Stilbruch?

Hier, denn die Frage ist natürlich: In welche unzugängliche Ecke des Star-Trek-Universums hat sich unser schönes, internationales „Germany“ denn hinverzogen? Die Übersetzung von „Deutschland“ lautet patschig-plump {DoyIchlan}. Ist das etwa das, was die Klingonen aus der Föderationssprache übernehmen?

Doch nun zurück zum „Bumerang“. Es schadet nichts, wenn wir mehrere Alternativen zur Übersetzung dieses Wortes besitzen. Schließlich soll sich das klingonische Gedicht auch reimen, und eventuell müssen wir auf eine andere Übersetzung zurückgreifen, damit das dann auch irgendwie klappt.

Wie wäre es mit einem modifizierten Löwen?

Sor Hap   –   Holz   (wörtlich: Materie des Baums)
lay   –   Luft
'aSralya' –   Australien

⇒   Bumerang = Holz der Luft von Australien
              = 'aSralya' lay Sor Hap

Oder wir bauen unseren Bumerang in das Gedicht ein, indem wir ihn in Form eines Relativsatzes verklausulieren:

gebogenes Holz, das fliegt und zurückkehrt

Dabei orientieren wir uns am {paq'batlh}, dem „Buch der Ehre“, einem heiligen Epos der Klingongen. Ein Satz aus diesem Buch, der sich auf der Internetseite

http://klingon.wiki/Word/Pe-vIl

findet, lautet:

Suto'vo'qor botlhDaq pe'vIl joqchu'taH quvbogh 'ej valbogh tIqDu' tIQ.

Uns kommt es hier nur auf die zweite Satzhälfte an, trotzdem aber übersetzen wir zuerst einmal die ganze Satzkonstruktion. Die einzelnen Wörter lauten dann:

Suto'vo'qor	–	Sto-Vo-Kor (klingonischer Kriegerhimmel)
botlh	–	Zentrum, Mitte
-Daq	–	im (Ortsnachsilbe, Lokativ)
⇒ botlhDaq	=	im Zentrum, in der Mitte von
pe'vIl	–	kraftvoll
joq	–	flattern, wehen
-chu'	–	perfekt, klar und eindeutig, hier: unerschütterlich (Verb-Nachsilbe vom Typ 6)
-taH	–	kontinuierlich weiter gehend, unablässig (Verb-Nachsilbe vom Typ 7)
quv	–	geehrt sein, ehrenhaft sein
'ej	–	und (Verknüpfung zweier Sätze)
val	–	klug sein, intelligent sein
-bogh	–	welche (Verb-Nachsilbe für Relativsätze vom Typ 9)
tIqDu'	–	Herzen (Plural)
tIQ	–	alt, altertümlich

{Suto'vo'qor} ist der klingonische Kriegerhimmel, in dem sich die ehrenhaft gefallenen Klingonenkrieger nach dem Tod versammeln – natürlich um dann weiter zu kämpfen. Bei denen hört die Klopperei nicht mal nach dem Tod auf.

Insgesamt sieht die Übersetzung dann ganz wie rückwärts geschriebenes Deutsch aus:

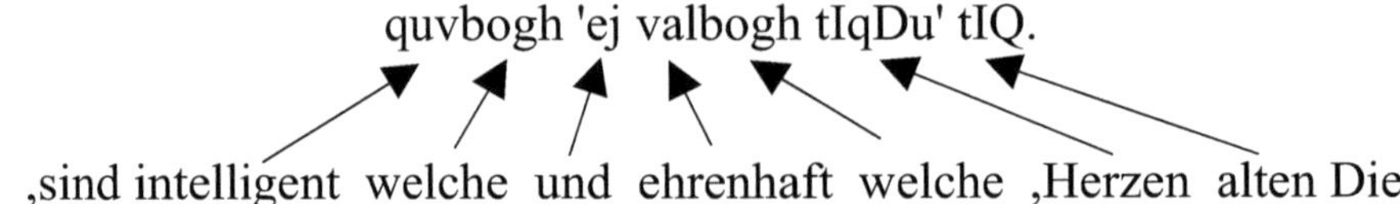

⇒ Die alten Herzen, die ehrenhaft und intelligent sind, …

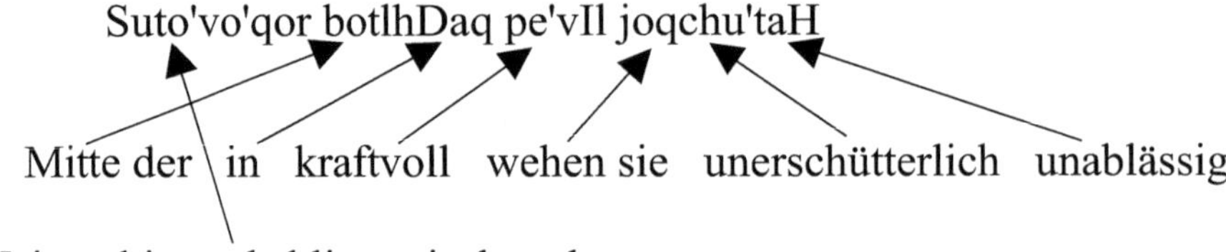

⇒ … wehen unablässig und unerschütterlich kraftvoll in der Mitte
    des klingonischen Kriegerhimmels.

Dies ist in der Tat eines der wenigen Beispiele im Klingonen-Wiki,
das einen doppelten Relativsatz „… die ehrenhaft sind und die intelligent sind, …" zeigt. Solch einen doppelten Relativsatz benötigen wir
für den „gebogenes Holz, das fliegt und (das) zurückkehrt".

'ob	–	gebogen sein
Sor Hap	–	Holz (wörtlich: Materie des Baums)
puv	–	fliegen
chegh	–	zurückkehren

Achtung: Im Englischen wird das Wort „return" auch für „zurück-
bringen" verwendet. Dies wäre dann das klingonische Wort {tatlh},
siehe:

http://klingon.wiki/En/Stk_1999-07-19b.

Und jetzt setzen wir ganz analog zu

zusammen:

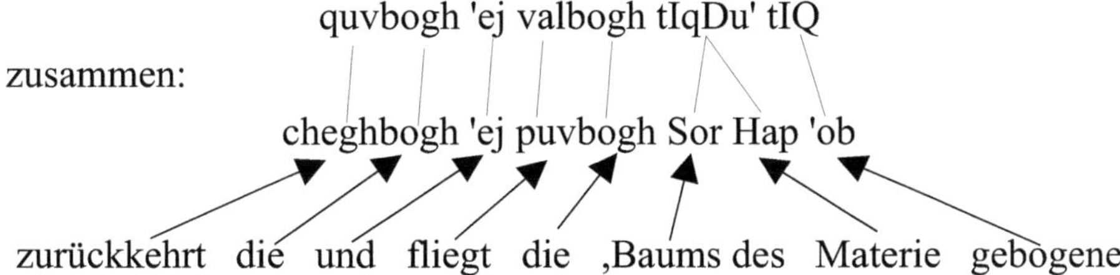

$\Rightarrow$ gebogenes Holz, das fliegt und zurückkehrt

Doch fliegt ein Bumerang oder kann er nur fliegen? Und kehrt der Bumerang immer zurück oder kann er nur zurückkehren?

Um die Nachsilbenkonstruktionen des Klingonischen einzuüben, ergänzen wir die Umschreibung des Bumerangs und fügen das Verb „können" ein. Dies geschieht durch die Verb-Nachsilbe {-laH}.

Die Nachsilbe {-laH} ist vom Typ 5, während die Nachsilbe {-bogh} vom Tpy 9 ist. {-laH} muss hier also direkt hinter dem Verb noch vor {bogh} eingefügt werden:

cheghlaHbogh 'ej puvlaHbogh Sor Hap 'ob

$\Rightarrow$ gebogenes Holz, das fliegen kann und das zurückkehren kann
     kurz: gebogenes Holz, das fliegen und zurückkehren kann

Doch manchmal stürzt der Bumerang auch ab. Dann sollten wir vielleicht besser schreiben: … das fliegen und zurückkehren könnte.

Dazu hat Marc Okrand die Qualifikations-Verb-Nachsilben erfunden, die angeben, wie sicher es ist, dass ein Ereignis auch eintritt. Allerhöchste Sicherheit, dass etwas auch klappt, wird durch die Verb-Nachsilbe {-chu'}, englisch „clearly", „perfectly" ausgedrückt. Dann passiert das Beschriebene auf jeden Fall, eineindeutig.

Geschehnisse mit etwas mehr Unsicherheit, die aber noch ziemlich sicher sind, passieren auf englisch „certainly", „undoubtedly", also „sicherlich", „bestimmt" bzw. „zweifelsohne". Dafür wurde von Marc Okrand die Verb-Nachsilbe {-bej} erfunden.

Und dann ist da noch die Verb-Nachsilbe, die wir benötigen: {-law'}. Sie gibt an, dass ein Vorgang oder Ereignis „anscheinend" oder „offenbar" (auf englisch: „seemingly", „apparently") eintritt. Es könnte also eintreten, vielleicht – wir müssen raten – mit einer Wahrscheinlichkeit von ungefähr 60 %. Es gibt dann also noch eine nicht ganz kleine Wahrscheinlichkeit, dass es doch nicht klappt.

Diese drei Qualifikations-Nachsilben sind vom Typ 6, so dass {-law'} wieder vor {-bogh} platziert werden muss:

cheghlaw'bogh 'ej puvlaw'bogh Sor Hap 'ob

⇒ gebogenes Holz, das anscheinend fliegt und anscheinend zurückkehrt
⇒ gebogenes Holz, das fliegen könnte und das zurückkehren könnte
   kurz: gebogenes Holz, das fliegen und zurückkehren könnte

Das also ist unser klingonischer Bumerang. Doch welche Alternativen gibt es noch für eine mögliche klingonische Bezeichnung?

Möglicherweise könnte es ja auch so sein wie beim Wort „Internet", das auf Klingonisch mit {'Internet} nahezu perfekt dem englischen Original entspricht. Doch dieses Mal handelt es sich nicht um eine Klingonisierung eines englischen Wortes, denn – so die erstaunliche Erklärung im Klingonen-Wiki unter

http://klingon.wiki/Wort/-Internet   –

die Klingonen verwendeten dieses Wort offensichtlich schon lange vor dem Kontakt mit der Menschheit. Es lautet in beiden Kulturen rein zufällig gleich.

Also könnte rein zufällig auch die Bezeichnungen für „Bumerang" in beiden Kulturen gleich lauten. Auf Klingonisch wäre dann vielleicht {bumer'ang} oder {bu'megh'ang} oder {bum'ergh'ang} die korrekte Schreibweise. Dabei setzt es sich aus den folgenden Einzelworten zusammen:

bum	–	absorbieren
'er	–	irgend so eine klingonische Tierart
-'egh	–	sich selbst (Verb-Nachsillbe)
'ergh	–	halluzinieren
'ang	–	zeigen, enthüllen

⇒ bum'egh. 'ang. = Er absorbiert sich. Er zeigt es.

Die Beschreibung eines Bumerangs besteht somit aus den zwei Sätzen {bum'egh. 'ang.}, in denen eine Art quantenmechanisches Verhalten beschrieben wird. Der Bumerang absorbiert sich selbst: Irgendwelche Quantenfluktationen sind in seiner Umgebung offensichtlich so groß, dass er zeitweise verschwindet und gleich darauf wieder auftaucht. Das Publikum bildet sich also nur ein, der Bumerang sei kreisförmig geflogen, wenn er zurückkehrt. In Wahrheit war er immer an der gleichen Stelle, zeitweise aber in seine elementaren Bestandteile aufgelöst und dadurch unsichtbar.

Man kann es aber auch psychedelisch deuten: Das Publikum stand unter Drogen.

⇒ bum. 'ergh. 'ang. = Sie absorbieren. Sie halluzinieren. Sie enthüllen.

Mit

bu'	–	Sergeant (Feldwebel)
megh	–	Mittagsessen
mer	–	überraschen
mergh	–	kombiniert sein, vermischt sein
'ang	–	zeigen, enthüllen

ergibt sich eine gänzlich andere Deutung.

$\Rightarrow$ bu' megh 'ang. =   Er/Sie zeigt das Mittagsessen des Feldwebels.

Monty Python lässt grüßen.

Noch eine weitere Alternative: Lassen wir, wie bei {doyIchlan}ohne {D} am Ende, doch einfach den letzten Buchstaben weg. Dann ergibt sich mit

'an   –   versteinert sein   oder
                       verschwendet, eine Verschwendung sein

die nette, kaum verständliche Bedeutung:

bum 'er 'an. =   Die versteinerte (uns unbekannte) klingonische
                  Tierart absorbiert.

Keine Ahnung, was die uns unbekannte klingonische Tierart absorbiert. Wer weiß das schon? Klingonische Tiere sind uns schließlich genauso unverständlich wie menschliche Bumerange. Und selbst der Duden (www.duden.de/rechtschreibung/Bumerang) hat keine Ahnung, ob der Plural von Bumerang nun „Bumerangs" oder „Bumerange" ist und schreibt sicherheitshalber beides hin.

So, dann können wir ja endlich mit der ersten Gedichtzeile anfangen:

War einmal ein Bumerang;

Es war einmal… – Es ist einmal… – Es wird einmal sein… – für Klingonen macht das keinen Unterschied. Im Klingonischen gibt es keine grammatikalisch unterschiedlichen Zeitformen. Alle zeitlichen Einordnungen erfolgen über den Kontext. In diesem Fall wird der Kontext durch „einmal" angegeben, wobei „einmal" nicht „ein einziges Mal", also klingonisch {wa'logh}, bedeutet, sondern „einst" bzw. „früher". Wie lange es her ist, wird nicht angegeben.

18

Deshalb benötigt das Klingonische sogenannte „Zeitstempel", englisch: „Time Stamps". Diese Zeitstempel des Klingonischen

http://klingon.wiki/De/Zeitform

erwarten aber in der Regel eine exakte zeitliche Längenangabe und
damit die genaue Angabe, wie viele Tage oder Monate oder Jahre,
etc. denn nun genau vergangen sind.

Da wir eine solche exakte Zeitdauer hier im Gedicht nicht haben,
orientieren wir uns am Beispielsatz

ben law' maqIHchuq.
Wir trafen uns zum ersten Mal vor vielen Jahren.

auf der Internetseite

http://klingon.wiki/De/DieserTag

Dieses „vor vielen Jahren", {ben law'} entspricht in klingonischen
Übersetzungen auch dem englischen Ausdruck „a long time ago",
also „vor langer Zeit", wie eine andere Quelle unter

http://klingon.wiki/En/Witcher

zeigt:
ben law' qaS lutvam.

Diese Geschichte ereignete sich vor langer Zeit.

Dabei handelt es sich um die klingonische Version des Jaskier-Songs.
(auf deutsch: „Rittersporn", dem besten Freund des Hexers „Geralt
von Riga", dem zentralen Protagonisten der Netflix-Serie „Witcher".
Jaskier/Rittersporn ist ein Barde, der wohl ganz gut singen kann.)

Zum Nachvollziehen der beiden Übersetzungen hier noch die entspre-
chenden Vokabeln:

ben	–	vor Jahren (genauer: vor … Jahren)
law'	–	viele sein, mehrere sein
puS	–	wenige sein, einige (eine Handvoll) sein

$\Rightarrow$ ben law' = vor vielen Jahren = vor langer Zeit

ben puS = vor einigen Jahren = vor einiger Zeit

qIH	–	zum ersten Mal treffen
-chuq	–	miteinander (Verb-Nachsilbe vom Typ 1)
qaS	–	geschehen, sich ereignen
lut	–	Geschichte
-vam	–	dieser, diese, dieses (Substantiv-Nachsilbe)

Vor langer Zeit, einmal, ist bzw. war ein Bumerang. Dieses „ist" oder „war" entspricht im Englischen „there is" bzw. „there was". Und da das Klingonische sich strikt an das englische Vorbild anlehnt, orientieren wir uns auch an diesem „there is", also „es gibt":

http://klingon.wiki/En/ThereIs
http://klingon.wiki/De/EsGibt

Dieser feststehende Ausdruck beruht im Klingonischen auf dem Verb {tu'}, deutsch: „finden", in der Passivform. Wenn etwas ist bzw. es etwas gibt, dann wird es also gefunden. Das schauen wir uns ausführlicher mit Hilfe der Konjugationstabellen für {tu'} an.

Zuerst die Konjugationen ohne Objekt:

jItu'.	–	Ich finde.
bItu'.	–	Du findest.
tu'.	–	Er / Sie / Es findet.
matu'.	–	Wir finden.
Sutu'.	–	Ihr findet.
tu'.	–	Sie finden.

Wenn ein Objekt in der 3. Person Singular gefunden wird, ergibt sich:

vItu'.   –   Ich finde ihn / sie / es.
Datu'.   –   Du findest ihn / sie / es.
tu'.   –   Er / sie / es findet ihn / sie / es.
wItu'.   –   Wir finden ihn / sie / es.
botu'.   –   Ihr findet ihn / sie / es.
lutu'.   –   Sie finden ihn / sie / es.

Die Passivbildung erfolgt nun mit Hilfe der Verb-Nachsilbe {-lu'} und der substantivistischen Ersetzung durch „man":

vItu'lu'.   –   Man findet mich.   =   Ich werde gefunden.
Datu'lu'.   –   Man findest dich.   =   Du wirst gefunden.
tu'lu'.   –   Man findet ihn / sie / es. =   ES GIBT IHN …
                                                   =   Er / Sie / Es wird gefunden.
wItu'lu'.   –   Man findet uns.   =   Wir werden gefunden.
botu'lu'.   –   Man findet euch.   =   Ihr werdet gefunden.
lutu'lu'.   –   Man findet sie.   =   Sie werden gefunden.

Aus der dritten Zeile schlussfolgern wir:

There was a boomerang.   =   Es war ein Bumerang.
                                     =   Es gab einen Bumerang.
                                     =   Man fand einen Bumerang.
     =   cheghlaw'bogh 'ej puvlaw'bogh Sor Hap 'ob tu'lu'.

Und das war vor langer Zeit:

⇒   Vor langer Zeit gab es ein gebogenes Holz, das fliegen und zurückkehren könnte; ≈ War einmal ein Bumerang;

⇒   ben law' cheghlaw'bogh 'ej puvlaw'bogh Sor Hap 'ob tu'lu';

Dieser Bumerang war nun ein kleines bisschen zu lang. Deshalb kommen wir zur zweiten Zeile:

War ein Weniges zu lang.

Es könnte so einfach sein! So gibt es auf Klingonisch das Wortpaar

law'   –   to be many   –   viele/mehrere sein
'Iq   –   to be too much, to be too many
                                            –   zu viele sein

„Viele Bücher" heißt also {paqmey law'}, während „zu viele Bücher"
{paqmey 'Iq} heißt. Zu jeden intransitiven Eigenschaftsverb (das
gleichzeitig als Adjektiv genutzt werden kann), müsste Marc Okrand
eigentlich das entsprechende Zu-viel-Eigenschaftsverb erfinden.

Hat er aber nicht getan, und das war eine Katastrophe für die klingonische Sprache!

Die Eleganz der klingonischen Sprache besteht ja gerade darin, dass
sie so hochkondensiert, so extrem konzentriert gepackt, aufgebaut ist:
Drei Buchstaben – oder sechs Buchstaben – ergeben ein Wort, fertig.
Deutsche Worte sind meist deutlich länger und ausgefranster.

Diese Dreier-Struktur ist ein klingonischer Wesenskern, und um die-
sen zu bewahren, muss eine ausreichende Anzahl an Worten von
Marc Okrand erfunden werden. Stattdessen schreibt er seitenlange
Abhandlungen wie

http://klingon.wiki/En/Ste_1998-01-18b

über die Frage wie man „zu spät" in „too late to visit you" möglicherweise umschreiben und dann übersetzen könnte:

„Because I'm very late, the opportunity to visit you has escaped."
oder

„I want to visit you, but the opportunity has escaped. I am very late."
oder

„I cannot visit you. I am very late, thus the opportunity has escaped."

So ein Schmarrn, das ist absurd! Das war der reine Irrsinn! Da bleibt

von der eleganten klingonischen Knappheit und Konzentration auf
das Wesentliche nichts mehr übrig. Dieser Zwang zu überlangen
Erläuterungen verpfuscht vollkommen die Eleganz und Würde der
klingonischen Sprache.

Irgendwann hat Marc Okrand es selbst gemerkt und das, was er da im
Januar 1998 (siehe vorige Seite) geschrieben hat, überdacht. Oder
aber die Klingonisten Alan Anderson, Will Martin, Mark Shoulson,
d'Armond Speers und Rich Yampell sind ihm so extrem auf die Ner-
ven gegangen, dass er sich umentschied und endlich eine vernünftige
Klärung des zu-viel-Problems anbot.

Im September 1999, also mehr als ein Jahr später, veröffentlichte
Marc Okrand in der Klingonisten-Zeitschrift {HolQeD}, auf deutsch:
„Sprachwissenschaft" bzw. „Linguistik", den Beitrag

http://klingon.wiki/En/HolQeDv8n3

in dem er das Wort

tlhoy   —   übermäßig, allzu, überaus, in einem Übermaß,
                         zu viel, allzu viel, zu sehr, allzu sehr

einführte. Auch hier haben wir es wieder mit einem ursprünglich englischen Wort zu tun, denn es handelt sich gemäß

http://klingon.wiki/En/Puns

lediglich um eine lautmalerische Umschreibung des englischen
Wortes „to cloy" für „übersättigen" oder weit mehr: „bis zum Erbre-
chen in sich hineinfressen".

Mit Hilfe dieses Wortes kann dann gebildet werden:

tlq   —   lang sein
tlqqu'   —   sehr lang sein
tlhoy tlq   —   zu lang sein

23

{tlhoy} ist dabei ein Adverb. Also schreiben wir als Satz:

tlhoy tIq. = Er war zu lang.

Aber unser Bumerang ist nur „ein Weniges", „a little bit" zu lang.
Auch dafür gibt es ein Adverb:

laQ   –   geringfügig, ein kleines bisschen

Zusammengefasst ergibt sich somit:

laQ tIqqu' 'ej tlhoy tIq.

= Er war ein kleines bisschen sehr lang und er war zu lang.

Philosophen mögen sich darüber streiten, ob „ein kleines bisschen
sehr lang" so richtig Sinn macht. Linguisten jedoch seien an die Erläuterungen von Marc Okrand erinnert, der einst doch recht dreist in

http://klingon.wiki/En/MaltzOnSonnet18

schrieb:

„Da es ein Gedicht ist, kann erwartet werden, dass alle möglichen Regeln gebrochen werden, oder vielmehr manipuliert oder umgearbeitet
oder umgestaltet oder ausgeschöpft oder spielerisch umgeformt werden. Das ist das, was Dichter und Dichterinnen (unter anderem) tun."

Wir müssen uns an gar keine grammatikalischen Regeln halten! Wir
können später immer noch behaupten, das sei Alt-Klingonisch. Mein
Hund hat die korrekte neu-klingonische Fassung aufgefressen. Mir
blieb nichts anderes übrig, als es falsch hinzuschreiben. Lasst uns
feiern und frohlocken … Regeln sind für die Katz'. Oh jeh!

Marc Okrand hat tatsächlich ein inneres Bild von Dichtern und Ge-
dichten, das an die vogonische Per-Anhalter-durch-die-Galaxis-Sicht-
weise erinnert. Es ist grauenvoll:

ghuQ   = Gedicht = Desaster   = Qugh   (rückwärts)
pa'jaH = Reim   = verbeultes Grauen = Haj 'ap (rückwärts)

Und hier steckt Arthur Dent.
('ap = to be dented = verbeult sein)

Rettet die Lyrik!

Damit kommen wir zur dritten Zeile:

Bumerang flog ein Stück,

„Ein Stück" bedeutet hier „eine kurze Distanz", also:

Der Bumerang flog eine kurze Distanz.

Und schon haben wir wieder ein Problem. Das klingonische Verb
{puv}, „fliegen" wurde von Marc Okrand im Klingonischen Wörterbuch zwar angegeben, aber nicht weiter erläutert. Deshalb ist auf der
Internetseite des Klingonen-Wikis

http://klingon.wiki/Wort/Puv

angemerkt: „Wahrscheinlich intransitiv (nicht bestätigt)".

Wir wissen also gar nicht, wie wir mit {puv} grammatikalisch korrekt
umgehen sollen. Marc Okrand hüllt sich in Schweigen.

Also müssen wir wieder improvisieren und unsere Aussage in zwei
kleine Häppchen aufteilen. Dieses Aufteilen einer komplexeren Aussage in zwei gleichberechtigte Sätze wird „Parataxe" (englisch: „para-
taxis") genannt. Zwangsläufig kommt dieses Zerstückeln im Klingonischen recht häufig vor, siehe:

http://klingon.wiki/En/Parataxis

Auf dieser Seite befindet sich auch eine Lösungsmöglichkeit für unser
Problem. Wir teilen die Aussage „Der Bumerang flog eine kurze Dis-

tanz.“ auf in

Der Bumerang flog; er bewegte sich eine kurze Distanz.

Wie hier zu sehen, werden zwei parataktische Sätze durch ein Semikolon getrennt. Dabei folgen wir der Konstruktion „movement verb + {lID})“ also der Behandlung von Bewegungsverben, die auf dieser Internetseite für Bewegungen um eine gewisse Distanz vorgeschlagen wird. Andere Leute hatten also auch schon das gleiche Problem wie wir.

Das Wort „bewegen“ wird dabei mit Hilfe des klingonischen Verbs {lID} übersetzt. Die korrekte Verwendung solcher Bewegungsverben

http://klingon.wiki/En/Movements

ist nicht immer einfach – und manchmal auch nicht eindeutig geklärt. Jetzt fehlt nur noch die „kurze Distanz“:

mach	–	to be small	–	klein sein
run	–	to be short (in stature)	–	kurz sein, kleinwüchsig sein, gedrungen sein
ngaj	–	to be short (in duration)	–	von kurzer Dauer sein
chuq	–	distance, range	–	Distanz

Sicherheitshalber übersetzen wir „kurze Distanz“ durch „geringe Distanz“ (≈ „kleine Distanz“). Wir wollen ja den Bumerang nicht aus Versehen eine „kleinwüchsige Distanz“ fliegen lassen, denn als Erklärung für {run} ist auf

http://klingon.wiki/Word/run

ja in Klammern angegeben: „in stature“ und nicht „in length“. {run} ist also nicht nur „klein“, sondern „klein und dick“, so wie eine rundliche Teekanne {runpI'}, „teapot“ in etwa. Also bilden wir:

chuq mach   –   geringe Distanz

Zusammengesetzt ergibt das:

puv cheghlaw'bogh 'ej puvlaw'bogh Sor Hap 'ob; chuq mach lID,

Der Bumerang flog; er bewegte sich eine kurze Distanz,

= Bumerang flog ein Stück,

Und weiter:

Aber kam nicht mehr zurück.

Das ist einfach:

'ach cheghbe'.

Hier kehren wir {chegh}, „zurückkehren" durch den Verneinungs-Rover {-be'} in das Gegenteil um: „nicht zurückkehren". Ein Rover bezeichnet dabei ein klingonisches Wort, das wandert:

leng   –   reisen, wandern
                         (auch: schweifen, englisch „to rove")
lengwI'   –   Reisender, Wanderer
                         (wird als grammatikalischer Ausdruck genutzt)

Der Grund für diese Bezeichnung ergibt sich dadurch, dass ein Rover keine feste Satzposition hat, sondern überall ein- oder angefügt werden kann, um alles Mögliche zu verneinen.

Beispielsweise können auch Verb-Suffixe verneint werden:

leng.   –   Er wandert. ⇒ lengbe'.   –   Er wandert nicht.
lenglaH. –   Er kann wandern.

                         ⇒ lenglaHbe'. –   Er kann nicht wandern.
Mit der Bedeutung: Es ist ihm nicht möglich, zu wandern.

Im Gegensatz dazu steht: lengbe'laH. –   Er kann nicht wandern.
Mit der Bedeutung: Es ist ihm möglich, nicht zu wandern.

Die Verneinungs-Silbe {-be'} ist also keine wirkliche Nachsilbe. Sie

steht nur immer direkt hinter dem Wortteil, das verneint wird – auch
wenn sie sich dabei mitten im Satz befindet.

Wir nähern uns dem Ende. Die letzten beiden Zeilen lauten nun:

Publikum – noch stundenlang –
Wartete auf Bumerang.

Dazu benötigen wir wieder einige Vokabeln:

bej	–	zuschauen
bejwI'	–	Zuschauer (Singular)
bejwI'pu'	–	Zuschauer (Plural) = Publikum
loS	–	warten
qaStaHvIS	–	während
rep	–	Stunde
qaStaHvIS wej rep	–	drei Stunden lang
law'	–	viele sein
qaStaHvIS repmey law'	–	viele Stunden lang
nI'taHvIS poh	–	eine lange Zeit

Dies alles können wir zusammenstückeln zu:

qaStaHvIS repmey law' cheghlaw'bogh 'ej puvlaw'bogh Sor Hap 'ob
loS bejwI'pu'.

Aber ein Wort fehlt noch! Das Publikum wartete nicht nur „stundenlang", sondern „**noch** stundenlang". Wie also übersetzen wir das Wort
„noch"?

Eine direkte Übersetzung wie bei {wej}, englisch „not yet", „noch
nicht" gibt es offenkundig nicht. Also müssen wir uns indirekt behel-
fen. Wie bei der Star-Trek: Discovery-Episode „The butcher's knife
cares not for the lamb's cry"

http://klingon.wiki/En/DSC104

können wir dieses mit einer Aspektzuordnung des Verbs bewerkstelligen:

'a naQtaH cha'puj choHmeH bobcho'Daj.

… but it **still** has an intact dilitium-processing unit.

Das englische Wort „still", also: „noch", wird durch den Verb-Aspekt der Kontinuierlichkeit mit Hilfe der Nachsilbe {-taH} ausgedrückt. Deshalb ergänzen wir:

qaStaHvIS repmey law' cheghlaw'bogh 'ej puvlaw'bogh Sor Hap 'ob
loStaH bejwI'pu'.

Damit hätten wir alle Zeilen und können zusammenfassen:

'aSralya' meqleH

ben law' cheghlaw'bogh 'ej puvlaw'bogh Sor Hap 'ob tu'lu';
laQ tIqqu' 'ej tlhoy tIq.
puv cheghlaw'bogh 'ej puvlaw'bogh Sor Hap 'ob; chuq mach lID,
'ach cheghbe'.
qaStaHvIS repmey law' cheghlaw'bogh 'ej puvlaw'bogh Sor Hap 'ob
loStaH bejwI'pu'.

Nein, so geht das nicht. Das ist ja völlig aufgeplustert! Wir sollten unseren Bumerang vielleicht doch etwas kürzen und ihn schlicht als „gekrümmtes Holz", {Sor Hap 'ob} bezeichnen. Dann lautet die vorläufige klingonische Version des Bumerang-Gedichts von Ringelnatz:

'aSralya' meqleH

ben law' Sor Hap 'ob tu'lu';
laQ tIqqu' 'ej tlhoy tIq.
puv Sor Hap 'ob; chuq mach lID,
'ach cheghbe'.
qaStaHvIS repmey law' Sor Hap 'ob
loStaH bejwI'pu'.

Jetzt haben wir einen deutlich flüssigeren Gedichtslauf. Das ist doch schon mal was.

Dann müssen wir das Ganze nur noch in eine Reimform bringen. Und dabei sollten wir uns an der Reimstruktur des Originals orientieren:

War einmal ein Bumerang;   A
War ein Weniges zu lang.   A
Bumerang flog ein Stück,   B
Aber kam nicht mehr zurück.   B
Publikum – noch stundenlang –   A
Wartete auf Bumerang.   A

Wenn die zweite Zeile mit Hilfe von

Hap   –   Materie
Hapvam   –   diese Materie
wu'   –   mystisch sein
$\Rightarrow$ Hapvam wu'   –   diese mystische Materie

zu

        laQ tIqqu' 'ej tlhoy tIq Hapvam wu'.

ergänzt wird, reimen sich die ersten beiden Zeilen schon mal auf {u'}. Ähnlich können wir bei der dritten und vierten Zeile

puv Sor Hap 'ob; chuq mach lID,
'ach cheghbe'.

vorgenen. Dabei haben wir zwei Möglichkeiten. Entweder wir ergänzen die schon recht lange dritte Zeile, beispielsweise durch die zusätzliche Angabe „dieses besondere Holz", {Hapvam le'}:

puv Sor Hap 'ob; chuq mach lID Hapvam le',
'ach cheghbe'.

Oder wir ergänzen die vierte Zeile, beispielsweise durch „dieses stereotypische Holz", {Sor Hapvam DID}. Ein passenderes klingonisches Wort, das auf {-ID} endet, war leider nicht zu finden. Aber es ist ja auch ein stereotypisches Bild, dass ein von Laien geworfener Bumerang nicht weit kommt. Oder dass Australier dauernd mit ihren Bumerangs durch die Gegend laufen.

Bevor wir das alles niederschreiben, ist noch eine Sache zu klären: Wo müssen wir die Zeige-Nachsilbe {-vam} eigentlich platzieren? Schließlich folgt auf das Wort „Materie", {Hap} nun noch das adjektivische Eigenschaftsverb {DID} oder in der zweiten Zeile {wu'}.

Sollen wir es so machen wie bei der Lokalisations-Nachsilbe {-Daq}, die für die örtliche Angabe „in" steht? Im Klingonischen Wörterbuch ist schließlich das folgende Beispiel angegeben:

veng	–	Stadt
tIn	–	groß sein
veng tIn	–	die große Stadt
⇒ veng tInDaq	–	in der großen Stadt

Müsste es dann nicht auch heißen

⇒ veng tInvam	–	diese große Stadt	???
⇒ Hap wu'vam	–	diese mystische Materie	???
⇒ Sor Hap DIDvam	–	dieses stereotypische Holz	???

NEIN, wir orientieren uns an Marc Okrand und seiner Botschaft an die Klingonen, die er anlässlich der Uraufführung der ersten klingonischen Oper {'u'}, „das Universum"

http://klingon.wiki/De/NachrichtNachKronos

persönlich vorgetragen hat. Es ist übrigens der bis jetzt längste, jemals von ihm gesprochene klingonische Text. Dort lädt er in Satz Nr. 9 klingonische Krieger ein, als Botschafter an „diesem großartigen Ereignis", {wanI'vam Dun}, teilzunehmen. Daraus lernen wir:

wanI'	–	Ereignis
Dun	–	wunderbar sein, großartig sein
wanI' Dun	–	das großartige Ereignis
⇒ wanI'vam Dun	–	dieses großartige Ereignis
⇒ Hapvam DID	–	dieses stereotypische Holz

Wir schreiben es also richtig, wenn wir schreiben:

puv Sor Hap 'ob; chuq mach lID,
'ach cheghbe' Hapvam DID.

Um ein gewisses Längengleichgewicht unter den Gedichtzeilen zu erhalten, entscheiden wir uns für die zweite, eigenartig-stereotypische Variante. Schönheit geht hier wie immer vor Sinnhaftigkeit:

ben law' Sor Hap 'ob tu'lu';	A
laQ tIqqu' 'ej tlhoy tIq Hapvam wu'.	A
puv Sor Hap 'ob; chuq mach lID,	B
'ach cheghbe' Sor Hapvam DID.	B
qaStaHvIS repmey law' Sor Hap 'ob	noch nicht A
loS bejwI'pu'.	A

Fehlt nur noch die fünfte Zeile. Da lassen wir das Publikum jetzt nicht „viele Stunden", {repmey law'} warten, sondern „sehr viele Stunden", {repmey law'qu'} und schieben den Bumerang, unser „gebogenes Holz", {Sor Hap 'ob} in die letzte Zeile:

ben law' Sor Hap 'ob tu'lu';	A
laQ tIqqu' 'ej tlhoy tIq Hapvam wu'.	A
puv Sor Hap 'ob; chuq mach lID,	B
'ach cheghbe' Sor Hapvam DID.	B
qaStaHvIS repmey law'qu'	A
Sor Hap 'ob loStaH bejwI'pu'.	A

So, das hätten wir geschafft. Natürlich sollten wir uns jetzt noch die Rückübersetzung ansehen. Sie muss sich ja nicht reimen, tut's bei den

Vogonen ja auch nicht immer. Wir orientieren uns dabei an der offensichtlichen Grundstruktur der klingonischen Sprache, die rückwärts gesprochenem Deutsch entspricht.

Der deutsche Text ist also von rechts nach links zu lesen:

ben law' Sor Hap 'ob tu'lu';
;Jahren vielen vor Holz gebogenes ein gab Es

laQ tIqqu' 'ej tlhoy tIq Hapvam wu'.
bisschen kleines ein lang sehr war Es
und   diese
.lang zu war Materie   mystische

puv Sor Hap 'ob; chuq mach lID,
;flog Holz gebogene Das
.Distanz geringe eine sich bewegte es

'ach cheghbe' Sor Hapvam DID.
Aber   dieses
.zurück kehrte nicht Holz   stereotypische

qaStaHvIS repmey law'qu'
Während
Stunden vieler sehr

Sor Hap 'ob loStaH bejwI'pu'.
.Holz gebogene das auf warteten noch Zuschauer/innen die

Das ist unsere Übersetzung. Wir sind fertig.

Aber das Gedicht ist noch nicht fertig. Klingonen wissen es. Da fehlt noch ein Teil!

Dieser fehlende Teil lautet:

SIbI'Ha' Sor Hap Sop nuv le'.
bu' hemqu' ghaH nuv ngoy"e'.
let nagh; rap Sor Hap ban.
'ej jach Hoch: bu' megh 'an !

Diese klingonische Ergänzung übersetzen wir nun ins Deutsche um
zu erfahren, was sich eigentlich abgespielt hat.

Zuerst identifizieren wir mit Hilfe von

http://klingon.wiki/Word/Contents

die uns noch fehenden Vokabeln:

SIbI'	–	sofort, gleich
SIbI'Ha'	–	später, schließlich
Sop	–	essen
nuv	–	Person (humanoid, menschlich oder menschenähnlich)
le'	–	speziell sein, besonders sein
ngoy'	–	verantwortlich sein
bu'	–	Sergeant, Feldwebel
hem	–	stolz sein
ghaH	–	er / sie
'e'	–	syntaktischer Marker (Topisierung, hebt das im Satzbau zentral agierende Wort hervor)
let	–	hart sein (wie Stein)
nagh	–	Stein, Fels
rap	–	gleich sein, das Gleiche sein
ban	–	zerschrammt sein, gequetscht sein
jach	–	rufen, brüllen, schreien
Hoch	–	1. jeder, alle – aber auch: 2. alles
megh	–	Mittagsessen
'an	–	1. versteinert sein – aber auch: 2. verschwendet, eine Verschwendung sein

Damit ergeben sich die Ergänzungssätze, auf Deutsch rückwärts ge-
lesen, zu:

SIbI'Ha' Sor Hap Sop nuv le'.

.später Holz das isst Person spezielle Eine

bu' hemqu' ghaH nuv ngoy"e'.

Feldwebel stolzer sehr ein ist (sie) Person verantwortliche Die

let nagh; rap Sor Hap ban.

;hart ist Stein Der

.gleich ist Holz zerschrammte das

'ej jach Hoch: bu' megh 'an !

Und

:brüllt jeder

!Feldwebels des Mahlzeit versteinerte – BUMERANG

Interessant ist hier insbesondere die grammatikalische Konstruktion
im dritten Satz. Es handelt sich wieder um eine Parataxe,

http://klingon.wiki/En/Parataxis

die dieses Mal einen Vergleich bezeichnet. Dabei wird ein Zustands-
verb zusammen mit {rap}, „gleich sein" in zwei eigenständige Sätze
eingebaut, die dann die grammatikalische Vergleichsstruktur

so … sein wie

(z.B.   so groß sein wie)

ausdrückt. Dies würde auf Deutsch in nur einem einzigen Satz gesagt
werden. Beispiel: Der Satz

„Die Krake ist so groß wie ein Auto."

wird in die beiden eigenständigen Teilsätze:

„Das Auto ist groß;"

35

und

> „die Krake ist gleich.“

aufgespalten.

cheyIS	–	Kopffüsser (Meerestier), Cephalopod, Tintenfisch, Oktopus, Krake
tIn	–	groß sein
puH	–	Land, Festland
Duj	–	Schiff
⇒ puH Duj	–	Auto, Fahrzeug, wörtlich: Schiff des Festlands

Somit erhalten wir die parataktische klingonische Übersetzung:

> tIn puH Duj; rap cheyIS.

Die korrekte deutsche Übersetzung von

> let nagh; rap Sor Hap ban.
> Der Stein ist hart; das zerschrammte Holz ist gleich.

lautet somit:

> Das zerschrammte Holz ist so hart wie ein Stein.

Jetzt sollten wir die ergänzten und ins Deutsche übersetzten Zusatz-
zeilen

Eine spezielle Person isst das Holz später.
Die verantwortliche Person ist ein sehr stolzer Feldwebel.
Das zerschrammte Holz ist so hart wie ein Stein.
Und jeder brüllt: BUMERANG – Mahlzeit des Feldwebels!

nur noch irgendwie in eine sich reimende Form bringen.

Wie wäre es also mit der folgenden Fassung?

Eine spezielle Person isst später Holz,
war verantwortlicher Feldwebel ganz stolz.
Das zerschrammte Holz war hart wie Stein
Bumerang! – brüllen alle, die Mahlzeit des Feldwebels wird es sein!

Das passt jedoch noch nicht so recht zu den knappen Sätze von Ringelnatz. Also unterteilen wir weiter. Schließlich dürfen wir unsere künstlerische Freiheit nutzen und den Text in weitere und dann hofentlich kürzere Zeilen verhackschnipseln.

War einmal ein Bumerang;
War ein Weniges zu lang.
Bumerang flog ein Stück,
Aber kam nicht mehr zurück.
Publikum – noch stundenlang –
Wartete auf Bumerang.

Eine Person später
Speziell scheint Missetäter.
Sie isst ein Holz,
War Feldwebel ganz stolz.
Das Holz recht verschrammt
Ist hart wie Stein, verdammt.
Und alle brüllen: Bumerang!
Versteinerte Mahlzeit dem Feldwebel gelang!

Allerdings ist das nur dann verständlich, wenn die Leserinnen und Leser wissen, dass das klingonische {bu' megh 'an} wörtlich die Bedeutung „die versteinerte Mahlzeit des Feldwebels" oder alternativ auch „die verschwendete Mahlzeit des Feldwebels" hat. Aber das wissen wir ja schon längst.

Übrigens stammt das echte Wort „Boomerang"

https://en.wikipedia.org/wiki/Boomerang

https://en.wikipedia.org/wiki/Throwing_stick

von der australischen Volksgruppe der Dharawal

https://en.wikipedia.org/wiki/Dharawal

ab. Die Sprache dieser australischen Ureinwohner, deren traditionelles Siedlungsgebiet südlich von Sydney im australischen Bundesstaat New South Wales lag, gilt heute als ausgestorben, aber damals
übernahmen die englischen Siedler – auch beeindruckt von den erstaunlichen Flugeigenschaften des Bumerangs – diese Bezeichnung.

Dabei ist der Bumerang ein Wurfgerät, das in der Frühgeschichte der
Menschheit weltweit verbreitet war. Steinzeitliche Felsritzzeichnungen finden sich nicht nur in Australien, sondern auch in Europa,
Asien und Amerika.

Der weltweit älteste Bumerang wurde in einer Höhle in den polnischen Karpaten entdeckt und soll ca. 25 000 Jahre alt sein. Dieses
archäologische Relikt wurde aus dem Stoßzahn eines Mammuts angefertigt und ist deutlich schwerer als heutige Holz-Bumerange.
Wurfversuche zeigten jedoch exzellente Flugeigenschaften.

Der älteste Holz-Bumerang wurde von Archäologen in Süd-Australien gefunden und mit Hilfe der Radiocarbonmethode auf ein Alter
von ca. 10 000 Jahre geschätzt.

Auch in Deutschland gibt es urzeitliche Bumerang-Funde. Der älteste
wurde bei Magdeburg gefunden und soll in etwa 2500 Jahre alt sein.

Der bisher prominenteste Bumerang-Nutzer war allerdings der altägyptische Pharao Tutanchamun, der Bumerange zur Jagd benutzte
und dessen beachtliche Bumerang-Sammlung als Grabbeigabe mit bestattet wurde.

Auch heute noch verwenden Ureinwohner in Nord-Amerika, Papua-
Neuguinea und Australien Bumerange als Jagdwaffen zum Erlegen
von Kleintieren und als rituelles Gerät bei religiösen Zeremonien.

Die weltweit meisten Bumerange werden heute jedoch als Sportgerät eingesetzt. Diese modernen Bumerange werden in der Regel mit Computerhilfe aerodynamisch optimiert und können auch mehr als zwei Arme aufweisen.

Der Weltrekord im Bumerang-Weitflug

www.bumerangclub.de/rekorde

mit anschließender Rückkehr liegt übrigens seit über 20 Jahren unverändert bei beachtlichen 238 m. Er wurde 1999 durch den Schweizer Manuel Schütz aufgestellt.

Wer die Ureinwohner in Australien beim Jagen mit Bumerangen begleiten will, muss dort natürlich hin. Schon Ringelnatz hat dies bedacht und ein entsprechendes Gedicht geschrieben. Und das ist Ihre

HAUSAUFGABE.

Übersetzen Sie das Gedicht „Die Ameisen" von Joachim Ringelnatz (siehe folgende Seite) ins Klingonische!

Beachten Sie dabei, dass es für die Stadt Hamburg bereits eine offiziell von Marc Okrand abgesegnete Übersetzung

Hamburgh   –   Hamburg

gibt. Für den Stadtteil „Altona" gilt das nicht. Hier müssen Sie improvisieren und eine geeignete Umschreibung finden.

Wie das Wort „Ameise", englisch „ant" übersetzt wird, können Sie auf der englischsprachigen Internetseite

http://klingon.wiki/En/Animals

nachlesen. Die entsprechende deutschsprachige Seite des Klingonen-Wikis

http://klingon.wiki/De/Tiere

Die Ameisen

In Hamburg lebten zwei Ameisen,
Die wollten nach Australien reisen.
Bei Altona auf der Chaussee
Da taten ihnen die Beine weh,
Und da verzichteten sie weise
Denn auf den letzten Teil der Reise.

(So will man oft und kann doch nicht
 Und leistet dann recht gern Verzicht.)

Quelle:
https://www.projekt-gutenberg.org/ringelnz/gedichte/chap005.html

ist leider veraltet (zumindest derzeit mit Stand vom 5. Okt. 2023) und deshalb lückenhaft. Die anderen benötigten klingonischen Wörter finden Sie auf der Seite

http://klingon.wiki/Word/Contents

durch Nutzung der Such-Funktion. Und bei grammatikalischen Fragen werfen Sie bitte einen Blick in das Klingonische Wörterbuch von Marc Okrand:

Marc Okrand: The Klingon Dictionary.
2. Auflage, Pocket Books, New York 1992.

Auf den folgenden Seiten finden Sie eine Beispielübersetzung mit Angaben, wie diese gestaltet wurde.

Zuerst natürlich die Überschrift:

mor	–	flink sein, gelenkig sein, geschickt sein
morwI'	–	Ameise
morwI'mey	–	Ameisen

Ameisen sind also Tiere, die flink und lebhaft herumwuseln. Durch die Nominalisierung mit Hilfe der Nachsilbe {-wI'} wird aus dem klingonischen Verb {mor}, „flink sein" wörtlich der oder das „Flink-Seiende", {morwI'}.

So, jetzt zum Gedichttext. Da es im Klingonischen keine eigenständigen Zeitformen gibt, lesen Klingonen das deutsche Gedicht als

In Hamburg leben zwei Ameisen,
Die wollen nach Australien reisen.
Bei Altona auf der Chaussee
Da tun ihnen die Beine weh,
Und da verzichten sie weise
Denn auf den letzten Teil der Reise.

(So will man oft und kann doch nicht
 Und leistet dann recht gern Verzicht.)

in der Gegenwartsform und fügen dann einen Zeitstempel zur Charak-
terisierung der Vergangenheit an. Ein solcher Zeitstempel könnte
beispielsweise sein:

ben puS	–	vor einigen Jahren, vor einiger Zeit
'op ret	–	zu einem Zeitpunkt in der Vergangenheit
		irgendwann in der Vergangenheit
		(http://klingon.wiki/Wort/Pa-logh)

Der erste Satz kann dann mit Hilfe von

yIn	–	leben
Dab	–	wohnen in, bewohnen
cha'	–	zwei

übersetzt werden. Damit ergibt sich:

'op ret HamburghDaq yIn cha' morwI'

Zwei

.Vergangenheit der in irgendwann Hamburg in lebten Ameisen

Für die zweite Zeile benötigen wir noch:

leng	–	reisen, wandern, schweifen
-qang	–	wollen (Verbsuffix vom Typ 2)
bIH	–	die = sie (für Objekte oder Lebewesen, die
		keine Sprache beherrschen)

In

http://klingon.wiki/En/HolQeDv7n4

beschreibt Marc Okrand die grammatikalisch korrekte Nutzung des
Verbs {leng}:

„{leng} funktioniert like {jaH}. Diese (Sätze) sind alle in Ordnung:

   {yuQ vIleng} oder {yuQDaq vIleng} – Ich reise zu dem Planeten.

   {yuQvo' jIleng} – Ich reise weg (entferne mich) von dem Planeten.

42

{yuQDaq jIleng} – Ich reise um (umkreise) den Planeten.
        Oder: Ich wandere auf dem (bereise den) Planeten herum."

Wir benötigen also eine Verbangabe für ein Objekt in der dritten Person Singular, wenn wir zu einem Ort hin reisen. Im Deutschen ist es ja genau umgekehrt:

„Ich bereise …" (mit direktem Objekt) ↔ {jIleng} (ohne Objekt)
„Ich reise zu …" (ohne direktes Objekt) ↔ {vIleng} (mit Objekt)

Damit ergibt sich:

'aSralya' lulengqang bIH.

.Australien nach reisen wollen Die/Sie

Die dritte Zeile beinhaltet nun den Hamburger Stadtteil „Altona". Auf

www.hamburg.de/altona/geschichte-altonas

lesen wir, dass der Namen „Altona" entweder „all to nah", also „all zu nah" bedeutet, da einst ein Gastwirt seinen Gasthof zwar außerhalb Hamburgs, aber dennoch sehr, sehr nah an der damaligen Stadtgrenze eröffnete. Er war dann seinen in Hamburg ansässigen Kollegen eine recht ärgerliche Konkurrenz.

Oder aber „Altona" bedeutete ursprünglich „all ten au", also ganz simpel „bei dem Bach" oder „am Bach".

Beides können wir übersetzen, beispielsweise zu:

Sum   –   nahe sein, nebenan liegen
Sumqu'   –   sehr nahe sein, sehr nahe liegen
Daq   –   Ort, Platz, Stelle

⇒ Sumqu' Daq   –   Der Ort liegt sehr nah.

Oder alternativ:

bIQ	–	Wasser
tIq	–	lang sein, ziemlich lang sein
bIQtIq	–	Fluss
-Hom	–	Verkleinerungssuffix (Diminutiv)
⇒ bIQtIqHom	–	Bach
⇒ Sum bIQtIqHom	–	Der Bach liegt nah.
⇒ bIQtIqHom Sum	–	naher Bach

Natürlich können wir auch versuchen, „Altona" direkt aus ähnlich lautenden klingonischen Worten oder Silben zusammenzustückeln. Wie wäre es also mit dem folgenden Versuch?

'al'on	–	Glas (Material, nicht das Trinkgefäß)
-'a'	–	Vergrößerungssuffix (Augmentativ)
⇒ 'al'on'a'	–	große Glasmenge, riesige Glasmenge

Da {-'a'} hinter einem Substantiv steht und nicht hinter einem Verb, ist es keine Ja/Nein-Frage!

Und noch eine Möglichkeit:

'al	–	(in der Luft) schweben
to'	–	Taktiken (immer im klingonischen Plural), siehe: http://klingon.wiki/En/InherentPlural
na'	–	salzig sein
⇒ 'al to' na'.	–	Die salzigen Taktiken schweben in der Luft. (mit Lücken zwischen den Wörtern)

Fehlt noch die Chaussee. Das ist ja einfach eine breite, gut ausgebaute Straße:

taw	–	Straße, Weg
⇒ taw tIn	–	grosse Straße = Chaussee

'alto'na'Daq Sumbogh taw tInDaq

Altona bei liegt nahe die ‚Straße großen der Auf

44

oder:

'alto'na' SumDaq taw tInDaq

Altona nahen im Straße großen der Auf

oder:

bIQtIqHomDaq Sumbogh taw tInDaq

Bach beim liegt nahe die ‚Straße großen der Auf

oder:

bIQtIqHom SumDaq taw tInDaq

Bach nahen am Straße großen der Auf

Egal, für was wir uns entscheiden, der Reim endet immer auf {-Daq}. Aber jetzt kommen wir zur vierten Zeile. Dabei ersetzen wir „Da tun ihnen die Beine weh." durch „Da tun ihre Beine weh.".

'uS	–	Bein
'uSDu'	–	Beine (Plural von Körperteilen)
'uSDu'chaj	–	ihre Beine
'oy'	–	schmerzen, weh tun, wund sein

'oy' 'uSDu'chaj.

.schmerzen Beine Ihre

Bei der fünften Zeile haben wir das Problem, dass es für „verzichten" (englisch: „to abstain from", „to refrain from") bis jetzt kein eigenständiges klingonisches Wort gibt. Es gibt jedoch das Wort {lon}, das ins Englische mit „to abandon" zu übersetzen ist:

lon	–	aufgeben, verlassen, preisgeben, im Stich lassen
val	–	intelligent sein, clever sein, weise sein
leng	–	Reise
nab	–	Plan, Vorgehensweise
Hoch	–	alles, jeder
HochHom	–	der größte Teil, das meiste von (Substantiv, Verkleinerungsform von alles)

vaj	–	deshalb, also, folglich, dann
mo'	–	weil, aufgrund
		(Verb- oder Substantiv-Nachsilbe)

{leng} und {nab} sind somit als „reisen" bzw. „planen" nicht nur Verben , sondern auch Substantive. Das passiert häufiger im Englischen und deshalb ist es auch in der klingonischen Sprache häufiger so.

Da die fünfte und sechste Zeile einen einzigen Satz umfassen, übersetzen wir diese Zeilen zusammen:

valmo' bIH

weise sind **sie** Weil

vaj leng HochHom lon

folglich

.Reise der Teil größten den auf geben sie

Fehlt nur noch die philosophische Anmerkung zum Schluss in Klammern. Hier die Vokabeln:

ghIq	–	dann, anschließend
neH	–	wollen
vay'	–	1. jemand bzw. 2. etwas
pIj	–	oft
'ach	–	aber, jedoch
mach	–	klein sein, gering sein
choH	–	1. Änderung, Wechsel
	–	2. ändern, verändern
bel	–	1. Vergnügen
	–	2. erfreut sein, vergnügt sein
Quch	–	fröhlich sein, glücklich sein
ghe'	–	transformiert sein, totel verändert sein
ta'	–	Tat, Handlung, Durchführung, Ausführung
laH	–	Fähigkeit, Durchführung, Ausführung

Anmerkung: {laH} wird im Klingonischen Wörterbuch englisch sowohl mit „accomplishment" (also „Durchführung" bzw. „Ausführung") wie auch mit „ability" („Fähigkeit") übersetzt. Gleichzeitig wird auch {ta'} mit „acomplishment" übersetzt. Zum Glück gibt es auch eine Verbform: {ta'} bedeutet dann „durchführen". Ein entsprechender Beispielsatz lautet im Klingonischen Wörterbuch:

vIta'pu'be'.   =   I didn't do it.

Da Zeitformen im klingonischen nur indirekt ausgedrückt werden, lautet dann die Gegenwart:

vIta'be'.   =   I don't do it.

Und für die Zukunft ergibt sich:

vIta'qangbe'.   =   I do not want to do it.
=   I am not willing to do it.

Mit der indirekten Bedeutung von

=   I will not do it.

Das können wir für die allerletzte Zeile nutzen. Also

pIj neH vay' 'ach tlhoy mach laHmeyDaj
oft will Jemand
jedoch
klein zu sind Fähigkeiten seine

ghIq Quch ghaH nabmeyDaj choHDI'
dann glücklich ist Er
.Pläne seine ändert er wenn

oder

ghIq Quch ghaH ta'be'qangmo'.
dann glücklich ist Er
.tun es nicht will er weil

47

Zusammengefasst ergibt sich somit:

'op ret HamburghDaq yIn cha' morwI'.
'aSralya' lulengqang bIH.
'alto'na'Daq Sumbogh taw tInDaq
'oy' 'uSDu'chaj.
valmo' bIH
vaj leng HochHom lon.

(pIj neH vay' 'ach tlhoy mach laHmeyDaj
 ghIq Quch ghaH nabmeyDaj choHDI'.)

Jetzt mogeln wir uns wieder die Reimung zurecht. Irgendwie, beispielsweise, indem wir in der zweiten Zeile {bIH} weglassen und
stattdessen das Verb-Suffix {-lI'} vom Typ 7 an {lulengqang} an-
fügen. Diese Verb-Nachsilbe deutet an, dass bereits ein gewisser
Fortschritt bezüglich eines Ziels gemacht wurde. Und das stimmt ja
auch, wie die nachfolgenden Gedichtzeilen angeben: Die Ameisen
sind schließlich schon in Altona.

Und als Längenausgleich schieben wir das {'op ret}, unseren Zeitstempel für die Vergangenheit, etwas unvermittelt in die zweite Zeile:

HamburghDaq yIn cha' morwI'.
'op ret 'aSralya' lulengqanglI'.

Auf {-Daq} und {lon }reimen sich

jaq	–	tapfer sein
mon	–	lächeln, schmunzeln
yon	–	zufrieden sein

Also schmerzen jetzt tapfere Beine:

'alto'na'Daq Sumbogh taw tInDaq
'oy' 'uSDu'chaj jaq.

Und {yon} reimt sich auf {lon}, so dass „zufriedene Ameisen" weise sind und ihre weiteren Reisepläne aufgeben:

valmo' morwI'mey yon
vaj leng HochHom lon.

Bleibt noch die Klammerbemerkung, deren Zeilenlänge deutlich länger ist als die der anderer Zeilen.

(pIj neH vay' 'ach tlhoy mach laHmeyDaj
 ghIq Quch ghaH nabmeyDaj choHDI'.)

Deshalb spalten wir sie auf vier Zeilen auf:

(pIj neH vay' 'ach
 tlhoy mach laHmeyDaj
 ghIq Quch ghaH
 nabmeyDaj choHDI'.)

Zumindest für europäisch-menschliche Ohren reimt sich ein {...ach}, sprich: „atsch", auf {-aj}, sprich: „adsch". Das können wir hier also so stehen lassen. Und bei der letzten Zeile können wir uns an

http://klingon.wiki/Word/RIntaH

und dem {paqbatlh}-Zitat

tlhIngan choHlu' rIntaH.
The Klingon's transition was complete.
= Der Wandel der Klingonen ist abgeschlossen.

⇒ Die Änderung seiner Pläne ist abgeschlossen.
nabmeyDaj choHlu' rIntaH.

Damit ergibt sich dann die Fassung auf der letzten Seite. Und noch eine letzte Bemerkung: Bei so viel künstlerischer Freiheit gibt es selbstverständlich auch andere Übersetzungsmöglichkeiten.

Terran-irdische Fassung (nach Ringelnatz):

'aSralya' meqleH

ben law' Sor Hap 'ob tu'lu';
laQ tIqqu' 'ej tlhoy tIq Hapvam wu'.
puv Sor Hap 'ob; chuq mach lID,
'ach cheghbe' Hapvam DID.
qaStaHvIS repmey law'qu'
Sor Hap 'ob loStaH bejwI'pu'.

'aSralya' meqleH

ben law' Sor Hap 'ob tu'lu';
laQ tIqqu' 'ej tlhoy tIq Hapvam wu'.
puv Sor Hap 'ob; chuq mach lID,
'ach cheghbe' Hapvam DID.
qaStaHvIS repmey law'qu'
Sor Hap 'ob loStaH bejwI'pu'.

    SIbI'Ha' Sor Hap Sop nuv le'.
    bu' hemqu' ghaH nuv ngoy"e'.
    let nagh; rap Sor Hap ban.
    'ej jach Hoch: bu' megh 'an !

War einmal ein Bumerang;
War ein Weniges zu lang.
Bumerang flog ein Stück,
Aber kam nicht mehr zurück.
Publikum – noch stundenlang –
Wartete auf Bumerang.

    Eine Person später
    Speziell scheint Missetäter.
    Sie isst ein Holz,
    War Feldwebel ganz stolz.
    Das Holz recht verschrammt
    Ist hart wie Stein, verdammt.
    Und alle brüllen: Bumerang!
    Versteinerte Mahlzeit dem Feldwebel gelang!

Beispielübersetzung der Hausaufgabe:

morwI'meyvam

HamburghDaq yIn cha' morwI'.
'op ret 'aSralya' lulengqanglI'.
'alto'na'Daq Sumbogh taw tInDaq
'oy' 'uSDu'chaj jaq.
valmo' morwI'mey yon
vaj leng HochHom lon.

(pIj neH vay' 'ach
 tlhoy mach laHmeyDaj
 ghIq Quch ghaH
 nabmeyDaj choHlu' rIntaH.)